이 뜨거움 어쩌랴

신애리 Poem & Photo

Poem & Photo

시인의 말

길람 **신 애 리**

턴다. 털어낸다. 덜어낸다.

이런 말로 내가 시조와 함께 살아온 흔적을 드러낼 수 있다는 것만으로도 가슴 벅차다.

2004년 가을, 진주시조시인협회에서 배움을 시작한 시조는 내 몫의 삶을 견뎌내는 대상이고 다듬으며 지켜나갈 역사였다. 배운대로 아이들에게 가르치면서 새로움을 감당해 낼 수 있는 힘을 얻었다. 연필로 꾹꾹 눌러쓴 아이들의 꼬물꼬물 숫접은 작품들을 모아 열네 권의 시집을 엮어내며 보낸 세월이 20년이다.

오래 묵혀두었더니 눅눅해진 시들을 이제야 꺼내 명지바람에 까슬까슬 말리고 푸른곰팡이를 닦아냈다. 곱게 찍어둔 사진에 램프요정의 지니처럼 세 가지 소원을 담아 세상 속으로 내보낸다.

이웃에게 사랑스러울 것.
나로서 이미 족할 것.
나비처럼 가벼울 것.

눈여겨 지켜보며 시인의 길로 이끌어주신 한국시조문학관의 김정희 관장님, 나의 할머니 윤정란 님, 진주시조 가족 여러분들과 책을 낼 수 있도록 정리를 도와주신 손정란 님께 감사의 인사를 드린다.

빛으로 난 길을 열어주신 정삼상 님, 한국사진작가협회 산청지부의 석도상 회장님, 권영일 님을 비롯한 회원 여러분들께도 감사를 보낸다.

시조작가로, 사진작가로 누비고 다닌 긴 시간을 말없이 기다려준 나의 남편 양한철 님, 두 딸과 멋진 사위들에게 고마움을 전한다.

아무것도, 무엇도 그냥 얻어지거나 만들어지지 않는다. 그것이 지금 이 자리에 있게 한 인연 덕분이니 나의 몫은 감사를 표하는 것, 그것뿐이다.

- 2023년 4월 27일 이팝나무 아래에서

Ⅰ부 봄소식

봄소식 1 • **13**
봄소식 2 • **15**
봄소식 3 • **16**
청매화 • **19**
자귀나무 • **20**
은혜 미용실 1 • **23**
은혜 미용실 2 • **24**
은혜 미용실 3 • **25**

Ⅱ부 제주여행

제주 여행 1 • **29**
제주 여행 2 • **30**
제주 여행 3 • **31**
제주 여행 4 • **32**
풋대 • **33**
예례리 • **34**
마라도 • **36**
이중섭 화가 • **38**

C o n t e n t s

Contents

Ⅲ부 그 바다, 그리움에 대하여

창포 가는 길 • **43**
사량도 • **44**
강진만 • **47**
소록도 • **49**
신탁녀 • **50**
사랑니 • **51**
정(情) • **53**
치매 • **54**
약속 • **57**

Ⅳ부 알람브라 궁전

술시 • **61**
알람브라 궁전 • **62**
부치지 못한 편지 • **64**
문학의 밤 • **65**
달빛 상모 • **66**
갈촌 연가 • **68**
객주 • **70**

Ⅴ부 휘파람새

휘파람새 • 75
민들레 • 76
상사화 • 79
장미 • 80
호박꽃 • 81
치자꽃밭 • 83
동자꽃 • 85
밤꽃 필 무렵 • 87
귀촌 • 88

Ⅵ부 발톱

발톱 • 93
윤달 • 95
대청마루 • 96
고종시 • 98
하루살이 • 101
거미줄 • 102
매미 • 105
지하철 3호선 • 107
튀김하는 날 • 108
파젯날 • 110

Contents

Contents

Ⅶ부 칠불암 가는 길

진혼제 • 115
풍경 • 116
화엄 • 118
어장(漁場) • 120
칠불암 가는 길 • 122
산 사나이 • 124

발 문

시가 있는 간이역 • 129

만상(萬象)에 얼비치는
사랑과 그리움의 헌사(獻辭) • 131

I부 봄소식

봄소식 1

동백이 훌쩍훌쩍
눈물처럼 떨어진다

정작 네가 없는데
산수유 눈을 뜨고

노랗게
배멀미하며
봄 바다를 지난다.

이 뜨거움 어쩌랴

봄소식 2

문 열어 문 열어라
그 꽃 문을 열어라

조조의 백만 대군
거품 물고 달려와

우르릉
등짝을 후려치네
멍이 들어 푸른 봄.

봄소식 3

뒤꼍에 무얼 심지
큰 호박 작은 고추

축 늘어진 기다림
군말 없는 그리움까지

봄볕에
온종일 서서
그려놓은 삽짝 밭.

I부 봄소식

이 뜨거움 어쩌랴

청매화

황사 끝에 매달려
눈물로만 남는 날

그믐달 숨어드는
섬진강 언덕 위에

희디 흰
이슬로 맺혀
머리 푼 그 여자들.

자귀나무

사랑은 깃털이다 연분홍 깃털이다

나란히 머릴 맞대고 속엣말 도란도란

바람이 살짝 비비자, 하나로 선 긴 줄.

1부 봄소식

은혜 미용실 1

굽이진 파도 닮아
엮인 연緣 꼬불꼬불

금오도 선착장에
해보다 먼저 앉아

철없는
자식 자랑에
녹아나는 파마 약.

은혜 미용실 2

돌산도 마파람은
울 엄마 친구 맞다

짱돌 같은 옥수수
아낌없이 내놓고

게으른
칠월 늦장마
지청구도 못한다.

은혜 미용실 3

돌산도 아침부터
댓바람이 솔찮다

소금 밴 눈꽃 머리
이고 진 팔십 년도

꼼꼼히
말아주게나
너울진 물길까지.

Ⅱ부 제주여행

28
이 뜨거움 어쩌랴

제주 여행 1

하얗게 손 내밀며
파도가 놀자 한다

질퍽한 올레길은
저 혼자 가라하고

촉촉한 고사리 장마
손을 잡아 보잔다.

제주 여행 2

큰 입을 쩍 벌리고
유황불을 뿜는다

온 산이 불구덩이다
이 뜨거움 어쩌라고

안으로 삼킬 수 없어
토해놓고 우는 중.

제주 여행 3

성산포 해변에서
꽃 동백을 주우면

검붉은 입술 위에
노랗게 솟은 오름

바람을 등에다 업고
하나, 둘 따라온다.

제주 여행 4

휘익 휙
뿌려 놓은
갈치 빛 숨비소리

파랗게 갯바위에
하늘을 띄워 놓고

바다를
머리에 이면
팔순에도 비바리.

푯대

애월리 앞바다에 한, 둘, 셋 별이 뜨고
뭍으로 돌아온다는 이어도의 전설에
은 갈치 지느러미가 파르르 떨고 있다

성급한 한치 떼가 툭툭툭 침을 뱉고
게으른 늦장마가 철없이 건들거리다
불 켜진 등대 밑에서 두 손 들고 벌 선다

세파에 둥실둥실 홀로 떠 돈 부포를
바람으로 휙 그어 수직으로 갈라보니
여직도 삼키지 못한 그리움이 꼭 하나.

예례리*

시뻘건 불두덩이 수평선을 떠밀고
부글부글 하늘로 끈 엮이어 올라간다
잡아라 구제역이다 살(殺) 처분이 정답이다

한우가 아니다 흑돼지도 아니다
버려야할 이 땅의 더러운 이웃이다
깔끔히 바닥에 눕혀 보냄이 희망이다

죽창을 꼬나들고 꾹꾹 눌러 찍었다
자다가 끌려나온 혼 빠진 넋 그대로
아들아, 눈 한 번 떠 보렴, 누가 널 밀었느냐

핏방울 하나라도 남기지 못하도록
예례리 새벽 깨고 트랙터 땅을 판다
몰아라 저 구덩이 속으로 빨갱이라 하였다.

마라도

그 섬엔 바다 위로 길이 환히 보인다
태평양으로 뻥 뚫린 고속도로가 지척이라
갈매기 날개 끝에 매달린 신호등도 무시한다

그 섬에선 누구나 등대가 되고 만다
마파람이 쉬어 가고 철새가 앉았다 가고
오롯이 가슴에 켠 기억 불 밝히고 서 있다

그 섬에선 긴 밤을 기다리지 않아도 좋다
오징어 배 줄 등을 달고 갈치 배 수다 속에
시큼한 멀미로 울렁거린 쉰 나이도 새롭다.

II부 제주여행

이중섭 화가

쫓기듯 살아온 날 파도에 씻어내며
조개랑 복숭아랑 아들이랑 남덕이랑
주워온 은박지 위에 곱게 그린 이력서

붉은 게 무등 타고 바다로 간 아이는
비둘기 품에 안겨 현해탄을 건넜는데
야자수 그늘에 누운 그림 한 장 남았다

큰 황소 한 마리가 문 앞에서 서성인다
가족이 떠나가던 섬섬만 바라보며
소망은 하늘에 맡기고 눈시울만 붉은 소.

II부 제주여행

Ⅲ부 그 바다, 그리움에 대하여

창포 가는 길

창포 가는 길엔 가로등은 없어도
동백이 붉은 꽃등 줄줄이 엮었더라
외줄기 빈 바닷길에 목을 빼고 섰더라

바다도 호수같이 잠만 자는 동해면
갈대들만 술에 취해 온몸을 비비는데
항아리 물병 속 같이 그려놓은 갯마을

또옥똑 노크하고 손 내밀은 날 두고
올 동백은 잇몸까지 드러내고 웃더라
마흔 살 숨 가쁜 고개 넘었는데 버얼써

올봄에도 못다 한 말 동백처럼 붉어서
77번 국도 위를 구름 달고 달려간다
구겨서 툭 던져 놓고 이름 하나 잊는다.

사랑도

– 박재두 시인을 생각하며 –

하늘 끝 한 점으로 수평선에 매단 뭍
온종일 오신 님은 배고픈 갈매기 떼
저 홀로 타올랐었다 검붉은 바다 꿈이

뱃사람 아버지가 하늘보고 누운 자리
꼴망태 옆에 끼고 귀한 소 몰던 자리
눈 맑은 어린 소년의 긴 꿈이 놀던 자리

신 새벽 고깃배의 무적霧笛에 깜짝 놀라
푸른 잠 걸어 두고 내달렸던 고샅길
철 이른 갯바람 심술 얄밉기만 하더라

눈 뜨고 바라보면 수평선만 아련한데
눈 감고 바라보면 지척인 듯 찰랑대네
어매는 오늘 아침도 바지락을 캐실까?

45
Ⅲ부 그 바다, 그리움에 대하여

강진만

검붉은 남도 갯벌
안으로 숨겨두고
온종일 갈바람을

툭
툭
툭

털어 헹구며

술 취한
쑥부쟁이 꽃

수평선에
눕는다.

이 뜨거움 어쩌랴

소록도

천상의 월궁항아 月宮姮娥* 껴안고 방아 찧자
비비고 또 비벼서 별이 되는 붉은 살
날 새면 기척도 없이 발가락 하나 흔적 없다

부모님 전상서엔 다시 못 뵐 불효자
뿌리고 거두어도 심지 없는 촛불뿐
장하게 쏟아진 씨앗 질긴 목숨 긴 한숨

닳아진 몸을 안고 닳아진 몸으로 간다
천형으로 받은 죄 함께 나눈 몫이라고
단종실 한 평 그 자리 한 제국을 잃었다.

* 월궁항아(月宮姮娥): 중국의 신화속 미모의 여신, 달의 궁전에서 지낸다. 계수나무와 토끼가 떡방아를 찧는다는 달 설화의 원류이다.

신탁녀

삼백번지* 붉은 등이
마신 소주는 45도

쪽 다다미 한 장을
비빈 흔적은 18도다

누워서 배운 기술이
밥줄이라
유죄다.

*삼백번지 : 삼백번지는 부산시 부전역 주변에 위치한
집성창녀촌이다.

사랑니

방금
낡은 사랑니를
뭉팅 뽑아냈어요

줄여도 괜찮을까요?
사랑하는 일
그 일쯤이야

빈자리
가득 채우는
늦가을 풍경 소리.

정 情

없어도 좋아요
모자라도 괜찮아요

은근히 자리 잡고
불안을 재촉하다

샛노란
봉투에 담겨
대문 앞을 나선다.

치매

월내천 앞바다에
갈 멸치 떴다 카데

달음산을 맴돌다가
쏟아지는 그 소리

비학리
언덕배미에
망향비로 우뚝 섰고

나사리 모래톱에
숨겨진 기억 한 줌

볏짚 단을 묶어서
지붕을 오르시던

고향도 잊어버리셨다
아버지의 시간은.

Ⅲ부 그 바다, 그리움에 대하여

56
이 뜨거움 어쩌랴

약속

약속은 배신의 또 다른 기호이다

체인으로 새끼 손가락
철커덕 걸어놓고

쾅쾅쾅
엄지손가락으로
마주 보는 불도장.

IV부 알람브라 궁전

술시

맥주는 부드러운 거품으로 남았는데
노랗게 쏟아진 기다림은 소리가 없다
반갑네
술시가 따로 있나
그대와의 그 한때

한 병이 두 병 되는 그 정을 접어두고
쿨럭쿨럭 목 넘기던 시조도 벗어두고
또 봄세
인사장 하나
술시를 기다린다.

*고 최상근 시조작가님을 기억하며

알람브라 궁전

황금 빛 궁전 기둥에
기대어 선 그대는

뜨거운 사하라를
건너온 뿔피리 소리

무어 족 마지막 공주였다
그 선연한 붉음아

*이정희 선배님의 첫 수채화 개인전을 축하드리며

세월의 긴 회랑을
도금한 연금술사

신들린 붓을 잡고
꿈을 쫓은 쉰일곱

오늘은 사루비아 빛
혈화血花 되어 피어라.

부치지 못한 편지
-박구하 선생님을 보내며-

파랗게 바람 인다고 긴 메일을 보냈는데
켤 때마다 수신 안 됨 문자만 반짝 반짝
이번엔 더 멀리 가셨을까
중국 길림성 어디쯤

흰 달빛 부서지는 두물머리 그 어디쯤
태평양으로 손짓하는 롱비치해변 그 어디쯤
거제리 철길 건너편 초등학교 대문 앞쯤

쪽빛 통영 소식은 듣고 싶지 않으신지
돛폭처럼 부풀어 오른 기다림 접어놓고
부재중이 너무 길다고
저 혼자 따져본다.

문학의 밤

박재삼 맥질하다
삼천포 해무 속을

포장마차 의자에 앉아
씨부럴 철썩 철썩

퍼렇게
멍든 시들이
선창가에 누웠다.

달빛 상모

상모끝에 출렁출렁 나비되어 춤춘 세월
봄 햇살 꽃무동이 예순둥이 소년되어
어화둥 물 찬 제비다 연풍대로 휘돈다

달맞이 열두상모를 휘익휙 돌려보면
산바람 강바람으로 불어오는 아! 그리움
김선옥 채상놀이가 끄덕끄덕 손짓한다.

*인간문화재 김선옥 선생의 국악 발표회를 보고

IV부 알람브라 궁전

갈촌 연가

갈촌 역엔
기다리는 사람이 주인이다

이끼 낀 장승으로
삭아가는 느린 시간

연초록
쑥대궁 끝에서
몸살 앓던 그리움

늦은 4시 10분
경전선 완행열차

차단기 어깨를 떨어뜨리고
몸을 풀었다

봄으로
걸어나가는
멀미난 인영 하나.

Ⅳ부 알람브라 궁전

객주

머리에 인 보퉁이
소금보다 무거웠다

한숨으로 구비 친
버선코 같은 그 길을

눈물로 줄여가셨지
울 엄마 외씨버선 길

비좁은 봉놋방에
때 절은 이불 한 채

윤이월 영동 할매
심술로 들썩인다

눈물도 잊고 가셨지
아홉 재 외씨버선 길.

V부 휘파람새

휘파람새

호이 호르르
휘파람새 아침을 깨운다
긴 밤 내 소쩍새를
뒤쫓다 겨우 든 잠

첫새벽
꿈을 열고 들어선
먼 휘파람
쉬
조용.

민들레

분분한 소식에도
답장 한 번 못했다

산처럼 울었거니
강처럼 웃었거니

그렇게 믿고 보냈다
저만치 동구 밖까지.

*산에서 사는 일이 코로나 덕분에 귀촌으로 연결되어 버렸다. 사회적 거리를 꼼꼼하게 지킨다. 숲에서 순하게 사는 연습은 녹록치 않은 선택이고 새로운 도전이다.

78
이 뜨거움 어쩌랴

상사화

멀리 영광 불갑사
남겨진 기다림에

마당 가득 피어난
아일랜드 개망초

그리움 소복이 피어
하얗게 쓴 화관 속

청미래 잎 사이로
붉어지는 그 눈빛

가다가 또 가다가
멈추거든 물어보자

상사초 사뿐히 말린
그 입술 붉은 뜻을.

장미

나 좀 봐 날 좀 봐봐
손 내밀고 흔든다

아이 고와라 슬쩍 만져주니

후
두
둑
윤유월 향기
붉은 장마
고 입술.

호박꽃

산비탈 호박잎들
키 맞춰 줄을 섰다

산바람이 차렷 쉬어
구령을 부르다가

제풀에 목이 쉬어서
울컥 토한 노란 꽃.

82
～❋～❋～❋～❋～
이 뜨거움 어쩌랴

치자꽃밭

열이렛날 달 밝거든
치자꽃밭으로 오세요

꽃도 달도 그대 얼굴도
눈 시리게 희어서

부르르
떨리는 손길에
젖어드는
그대 향.

이 뜨거움 어쩌랴

동자꽃

설악동 산모롱길
외로움을 먹는 꽃

가슴으로 녹여낸
담홍색 기다림까지

이 봄도
편지를 쓴다
제 이름은 숨긴 채.

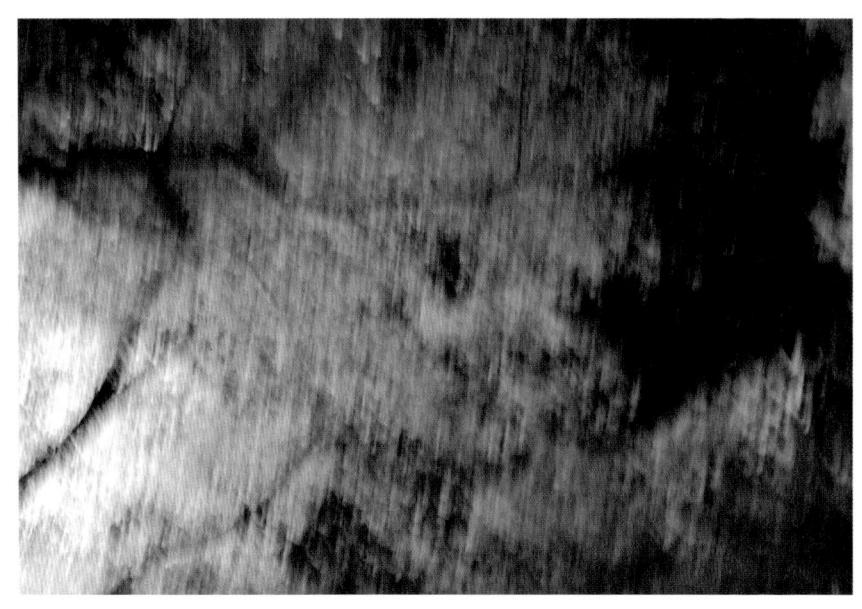

밤꽃 필 무렵

섬진강은 산바람에
흐드러지게 취해서

쪽창에 매단 백운산에
콕, 점 하나 찍는다

긴긴 밤
하얗게 뿜어 올리는
가쁜 숨결
그 향기.

귀촌

비탈진 산길에서
죽순을 안아 들고

쑥갓과 봄상추는
텃밭에서 모셔온다

때 늦은
저녁도 좋다
눈 맞추고 앉으면.

Ⅵ부 발톱

발톱

목욕탕 다녀왔더니
하얗게 드러난다
언제 속도 없이 이만큼이나 자랐지?
양말에
꼭꼭 숨어서
이름 없이 살자더니

동그랗게 꿰뚫고 긴 목을 빼 올렸다
손톱깎이 대동해 시간을 깎아내린다
기다림
거짓말이다

톡
톡
톡.

이 뜨거움 어쩌랴

윤달

그대 향해 웃자란 마음 지그시 눌러 밟으면
윤칠월 열이렛날 달빛만 부서진다
창 열고 앉아서 천리 서서보면 구만리

기둥에 잡아채면 시오리쯤 갈 꺼나
되짚어 오는 별빛 달도 몸을 숨기고
안으로 금가는 소리 청자인 양 맑아라.

대청마루

삐뚤삐뚤 멋대로 드러누운 쪽마루
성마른 낮달까지 찾아와 누웠다가
고종시* 감 익는 소리에 은근슬쩍 홀린다

볕살은 눈 감아도 잘 보인다 다 보여
바보야! 이 쪽이라니까, 입술 내민 석류 쪽
땡땡땡 풍경 소리에 흩어진 양떼구름.

*고종시 : 고종임금님께 보낸 귀한 감이라고 해서 붙어진
 이름이다.

고종시

천왕봉 꼭대기에 살짝 걸린 노을을
고종시가 숨어서 야금야금 먹나보다
통통히 살찐 볼때기가 노을보다 발갛다

슬금슬금 산 아래로 놀러 나온 산불이
씨알 굵은 고종시를 주렁주렁 타고 올라
화르르 가을이 탄다 산자락이 타오른다

등걸 같은 백수 할매 쑥 내민 손바닥 위
동그란 산 하나가 봉우리 채 웃는다
이 빠진 빈 세월까지도 달달하게 매달고.

100
~*~*~*~*~*~
이 뜨거움 어쩌랴

하루살이

지루한
여름밤은
삼켜도 저만치 남아

코끝의
뾰두라지처럼
아슴아슴 뜨겁다

하룻밤
새겨 논 인연
화석으로 남았다.

거미줄

쓰다
아주 씁쓸하다
그대 향한 기다림

채워도
대롱대롱
바람 끝에도 닿지 못할 말

외줄에
걸린 눈물도
슬그머니 내려놔.

Ⅵ부 발톱

매미

33년 걸렸다
이제 그만하지

미워하며 좋겠다
묶혀둔 정 만큼만

목이 쉰
기다림까지
그리움의 *기울기는 1.*

지하철 3호선

꾸역꾸역 밀려와
다닥다닥 붙어서

목 쉰 성가 후렴구
자장가 삼아 졸다가

후다닥 꿈자리를 털고
따라가는 그림자

가다 서다 돌아서면
바꾸다 여직 남아

비좁은 빌딩 틈새
사로잡힌 조각달

오늘도 안녕하세요
주정보다 붉은 낯.

튀김하는 날

자글자글 거품이
끓어 넘치는 기름 솥에

청보라 빛 가지 하나
쌉쌀한 인삼 두 뿌리

뭉클한
두부 반모까지
그리움 입혀
던진다

노랗게 솟아올라
빠지직 춤을 춘다

이 따끈한 현장의
바삭한 기다림을

칼칼한
탁주 한 잔과
몫을 놓고
나눈다.

파젯날

마누라 기제사는 큰 아들 챙겨갔고

섭섭해 오른 산에 닭 알 하나 올린다

오백 원 그 깊은 정성 가신 님은 알것제.

VII부 칠불암 가는 길

114
~*~*~*~*~
이 뜨거움 어쩌랴

진혼제

큰 누야 배고프다
이팝나무 꺾어 주랴?

큰 누야 배고프다
구름이라도 삼켜 봐

사르르
서리화 가지 끝에
지친 설움 앉는다

큰 누야 지친 어깨
하늘이 씻겨가고

큰 누야 멍든 가슴
바다가 게워낸다

꽃단장
반야용선 般若龍船 타고
살을 찢고 나간다.

풍경

땡그랑
땡그
랑
먼 길을 휘돌아서

여기다 부르시는
당신의 휘파람을

바람이
저 혼자 듣고
안으로
되새기는 소리.

화엄

천년을 쉬어가던
산 그림자 한 폭을

사라센 언월도로
싹둑 싹둑 지우자

각황전
추녀 끝에서
땡
그
르
물질한다

삼배로 족한거야
따라붙는 잔소리

슬그머니 눙치며
손끝으로 훑으면

각황전
등 굽은 기둥 타고
푸른 용이 오른다.

어장 漁場

먹물 터진 하늘에 고요히 담긴 달을
밤도와 낚아 보니 팔딱 팔딱 여린 은어
쪽배에 가득히 싣고 화개 동천 가야지

별들도 소복소복 내려앉은 섬진강
보릿대 꺾어놓고 잡아챈 화음삼매
발등은 못다 밝혀도 마음만은 빛 너울

돌아보면 살짝 숨는 열사흘 물오름 달
까치발로 그림자 밟고 산문까지 따라와
저 홀로 팔영루 올라 읊조리는 범패소리

Ⅶ부 칠불암 가는 길

칠불암 가는 길

슬금슬금 물안개 타고
봄 싣는 목통계곡

화두 하나
그리움 둘
손님처럼 오신다

연초록
막사발 가득
담겨오는 그 쓴 맛.

Ⅷ부 칠불암 가는 길

산 사나이

화개동천 둥실 뜬 꽃
예순여섯 지리산인

섬진강 팔십 리 길
소주 지복(祉福) 노닐다

광양만
낙조 속으로
전설되어 숨었다.

* 지리산 요가 도인이 섬진강에서 연꽃처럼 떠올랐다.
  그가 누린 소주 맛의 지복이 먼곳에서도 영원하길
  기도했다.

발 문

시가 있는 간이역

역장: 옥 영 숙 시조시인

은혜미용실 3

신애리

돌산도 아침부터
댓바람이 솔찮다

소금 밴 눈꽃 머리
이고 진 팔십 년도

꼼꼼히
말아주게나
너울진 물길까지.

돌산도에 가면 은혜미용실이 있다.
돌산도는 대한민국에서 열 번째로 큰 섬이다. 여수에서

돌산대교, 거북선대교로 육지와 이어져 있으나, 선착장에서 멀지 않은 곳에 풀리지 않고 오래 지속되는 뽀글이파마를 해주는 은혜미용실이 있다. 첫배 타고 돌산도로 나와 원장님보다 먼저 미용실 앞에서 진을 치고 기다리는 섬할머니들, 팔십 년 남짓 머리에 이고 진 소금물이 밴 백발의 머리카락도 수줍은 여인으로 만들어주는 신의 손을 가진 원장님, 머리 모양만으로 아줌마 파마임을 단번에 알 수 있지만, 뱃일을 따라나서고 개펄에서 일을 할 때도 살아온 세월만큼 물결치는 머리카락은 아직 여자라고 말을 한다. 은혜미용실은 남도 할머니들의 성지이다.

시인의 은혜미용실 연작시 5편 중에서 한 편을 골라본다. 시인은 2007년 진주촉석초등학교에서 5학년 학생들과 시작으로『선생님과 함께 가는 시조여행』(2007~2021) 제목의 시조집 14권을 펴냈다. "우리 것을 사랑하는 어린이, 한글을 더욱 아름답게 우리글 시조를 쓰는 어린이를 육성하는 것이 내 교육의 목표"라며 교사가 천직이라 했었다. 퇴직 후 여행하며 돌산도의 갯바람까지 굽이굽이 파마 중인 은혜미용실을 만났다.
　시인이 걸어온 길에서 사람 냄새가 나고 아름다움에 공감하는 고운 품성을 느끼게 된다.

〈신애리 시조집 해설〉

만상萬象에 얼비치는
사랑과 그리움의 헌사獻辭

김 정 희 (시조시인, 한국시조문학관장)

1. 시조사랑의 눈 뜨임

신애리 시인의 첫 시조집 상재上梓를 경하하며 축하의 말씀을 드립니다.

돌이켜보았을 때, 시인과의 만남은 스무 해를 훨씬 넘긴 듯합니다. 진주시조시인협회에서 〈진주시조 교실〉을 열어 초·중·고 교원들을 위한 시조 지도자를 양성하는 자리에서 만나 여태까지 인연의 끈을 이어왔기 때문입니다. 신애리 시인은 눈빛이 초롱초롱한 초등교사로서 시조에 대한 열정이 대단한 분이었습니다. 그뿐 아니라 우리나라의 전승 문화를 사랑하는 마음도 열화熱火 같아서 학생들에게 사물놀이와 전통 민요를 지도하시는 대단한 분이었습니다. 학생들에게 열심히 시조를 가르쳐 학생 시조 백일장 등에 지도교사 상을 수없이 받는 성과를 이루시기도 했습니다. 평소 수업 시간 이전에 시조를 한 수씩 짓게 하고 방과 후에는 사물놀이와 민요를 가르치던 삶의 열정은 현재도 변함이 없습니다. 여인의 길에도 충실하여 현모양처의 생활인으로 칭송을 받아 왔습니다. 직장과 생활인으로 엮어내는 시심詩心은 숨겨져 있던 진주眞珠를 캐낸 듯 산뜻하고 아롱진 작품들이 많았습니다.

시인의 자애로운 눈길은 자연과 인류애로 이어져 있는 사랑입니다. 이토록 성스러운 자비심慈悲心과 보살심菩薩心으로 이어지는 시인의 마음자리에서 우러난 작품을 눈여겨보아 주시기를 바라며 이 글을 열어 보고자 합니다.

2. 아련한 그리움과 사랑의 송가頌歌, 혹은 좌절挫折

사랑은 생명의 불꽃이며 목숨이 있는 곳에 피워내는 맑고 향기로운 마음자리입니다. 시인의 작품은 사랑이 주조主調로써 이루어져 있는 향기로운 서정의 꽃밭입니다. 젊은 이 다운 청순한 사랑과 감각이 넘치는 향기로운 꽃밭에 잠시 안내하고자 합니다.

열이렛날 달 밝거든
치자 꽃밭으로 오세요
꽃도 달도 그대 얼굴도
눈 시리게 희어서

부르르
떨리는 손길에
젖어드는 그대 향

- 치자 꽃밭 -

나 좀봐 날 좀 봐봐
손 내밀고 흔든다

아이 고와라, 슬쩍 만져주니

후
두
둑
윤유월 향기

붉은 장마
고 입술.

— 장미 —

 젊은이다운 깜찍하고 사랑스러운 정감은 여러 곳에서 보여주고 있는데 시인의 밝은 앞날을 예감하는 느낌을 줍니다. 티 없는 소녀의 청순한 순정을 하얀 치자꽃으로 정하고, 열이렛날 밤은 수줍은 듯, 보름을 지난 조금은 기운 밤은 소녀의 부끄러움을 느끼게 하는 장치가 아닐까 하는 생각이 듭니다. 참신한 감각을 느끼게 하면서 수줍음을 깃들게 하는 작품으로 눈길을 돌리게 하는 것 같습니다.
 치자꽃이 너무나 순결한 소녀의 첫사랑 같은 향이 품겨 난다면 「장미」는 사랑의 거짓 없이 맑고 향기로운 마음에서 울어 나는 감정을 표현하고 싶은 일종의 현시욕顯示慾 같은 느낌을 줍니다. 발랄한 현대적인 정감이거나 자신만만한 자아의 성취감을 느껴지기도 합니다. 시조라는 정형의 그릇을 해방시킨 듯한 감각으로 띄어쓰기를 자유롭게 하여 참신한 감각을 의도적으로 살린 듯합니다.

   약속은 배신의 또 다른 기호이다

체인으로 새끼 손가락
철거덕 걸어놓고

쾅쾅쾅
엄지손가락으로
마주 보는 불도장

– 약속 –

 사랑은 인연의 소관입니다. 어찌 변심으로만 볼 것입니까? 사랑의 약속은 예부터 자의반自意半, 타의반他意半으로 허물어짐을 많이도 보아 왔습니다.
 마음으로 만사를 해결할 수 있을 바에야 세상에 무슨 걱정이 있겠습니까.
 시인은 맺지 못할 사랑이 이 세상에는 더 많음을 노래하며 인연의 소관임을 말하고 있습니다. 운명이거나, 숙명 같은 화인火印의 불도장은 영원히 지울 수가 없지만 불도장을 찍히며 찍으며 살아가야만 하는 인생살이. 운명을 참고 더욱 성숙해가는 이들에게 격려사가 되고 또한 고난을 이겨내는 성취의 동력도 될 것임을 강조하는 것 같습니다. 화인, 불도장에 찍힌 상처의 괴로움을 겪지 않는 사람은 없지 않겠습니까! 인생은 제행무상諸行無常임을 상기하게 하는 노래인 듯합니다.

3. 무수한 좌절을 딛고 살아가는 삶의 길목

창포 가는 길엔 가로등이 없어도
동백이 붉은 꽃등 줄줄이 엮었더라
외줄기 빈 바닷길에 목을 빼고 섰더라

바다도 호수 같이 잠만 자는 동해면
갈대들만 술에 취해 온몸을 비비는데
항아리 물병 속 같이 그려놓은 갯마을

또옥 똑 노크하고 손 내밀은 날 두고
올 동백은 잇몸까지 드러내고 웃더라
마흔 살 숨 가쁜 고개 넘었는데 버얼써

올봄에도 못다 한 말, 동백처럼 붉어서
77번 국도 위를 구름처럼 달고 달려간다
구겨서 툭 던져놓고 이름 하나 잊는다.

- 창포 가는 길 -

사람의 한 세월은 무수한 좌절을 딛고 스스로 깨우치며 살아가는 것이 삶의 길임을 자각하는 마음의 노래를 듣습니다. 힘난한 삶의 길은 곁에서 깨우쳐 주는 이가 없어도 자연 속 동백꽃이 날 보란 듯 위로하며 길을 밝혀 준다고 시인은 말합니다. '이 봄에 못다 한 말, 동백처럼 붉어서 // 77번 국도 위를 구름처럼 달고 // 구겨서 툭 던져놓고 이름 하나 잊는다. 옛일은 잊어버리고 현실에 적응하며 일어서는 삶의 기상을 장하게 느낍니다. 신산한 삶을 겪으며 오뚜기처럼 일어서는 용기에 박수를 보내며 응원을 하고 싶습니다.

4. 지극한 가족의 사랑

세월은 흘러 마흔이 넘었어도 잊지 못하는 마음 하나 어이하리.

사랑이란 인연의 소관! 세상의 인연이란 모두 그렇고 그러하거늘!

그러나 육친에 대한 인연은 영원불변永遠不變한 것. 그 애틋한 사랑을 어이하면 좋을까나. 부모님과 형제 간의 사랑을 읽어 봅시다.

월내천 앞 바다에
갈 멸치 떴다 카데

달음산 맴돌다가
쏟아지던 그 소리

비하리 언덕 위에
망향비望鄕碑로 우뚝 섰네

나사리 모래톱에
숨겨진 기억 한 줌

볏집단을 묶어서
지붕에 오르시던

고향도 잊어버리셨다
아버지의 시간은.

       - 치매 -

머리에 인 보퉁이
소금보다 무거웠다

한숨으로 구비 친
버선코 같은 그 길을

눈물로 줄여가셨지
울 엄마 외씨버선 길
비좁은 봉놋방에
때 절은 이불 한 채

윤이월 영동 할매
심술로 들썩인다

눈물도 잊고 가셨지
아홉 재 외씨버선 길.

— 객주客主 —

누나야 배고프다
이팝나무 꺾어주랴?

큰 누야 배고프다
구름이라도 삼켜봐

사르르
서리화 꽃 끝에
지친 설움 앉는다

큰 누야 지친 어깨
하늘이 씻겨 가고

큰 누야 멍든 가슴
바다가 게워낸다.

꽃단장
반야용선 般若龍船 타고
살을 찢고 나간다.

– 진혼제 –

 시인의 아버님은 치매를 앓으셨다. 젊은 시절, 고향 앞바다에 멸치가 뜬 것과 고향 집 지붕에 올라 지붕을 올리던 일, 자신이 하실 일, 모두 잊어버리시고, 시인의 망향비望鄉碑가 되어 떠나셨다. 그 아픈 이별을 서러워하는 시인의 안타까움이 서려 있습니다. 어머니의 노고勞苦를 봇짐을 진 행상行商 길로 상징하면서 칭송하는 자식이 어디에 있을 것인가. 노년에 치매를 앓으시는 부친의 아픔도 겹치어 고생하시는 부모님을 위한 송가頌歌를 시인은 노심초사하면서 이 시조를 읊었으리라. 가족에 대한 애정이 유난했던 것은 맏딸이었던 탓도 있지만, 시인은 효녀였습니다. 애정이 깊은 탓이며 시인의 작품은 온통 사랑으로 관철되어 있습니다.

외씨버선길로, 아홉재를 넘어 오신 길로 상징되는 「객주」는 어려운 시절 어머니가 행상行商을 하신 듯 살아오심을 회상하는 작품입니다. 세상의 어느 자식이 어머니의 노고勞苦를 기억하며 알 수가 있을 것입니까! 지은 이의 효심에 눈물이 아른거립니다. 또한 먼저 보낸 동생에 대한 애틋한 사랑을 살펴보기로 합시다. 저승길에도 동생이 배고플까 염려하는 애절한 심정을!

부모에게 받은 육신의 절반을 잃은 것 같은 허전함을!

혈연을 보내는 아픔에 가슴이 찢어집니다. 세상살이를 살아가면서 애별리고愛別離苦를 겪지 않은 이가 없으련만 시인은 동생을 보내면서 겪어 본 애틋한 심정을 노래하며 두고두고 새기며 슬픔에 잠겨 있습니다.

5. 겨레 사랑

천상의 월궁항아 껴안고 방아 찧자
비비고 또 비벼서 별이 되는 붉은 살
날 새면 기척도 없이 발가락 하나 흔적 없다

부모님 상서에 다시 못 볼 불효자
뿌리고 거두어도 심지 없는 촛불뿐
장하게 쏟아진 씨앗, 질긴 목숨 긴 한숨

닳아진 몸을 안고 닳아진 몸으로 간다
천형으로 받은 죄 함께 나눈 몫이라고
단종실斷種室 한 평 그 자리, 한 제국帝國을 잃었다.

- 소록도 -

먼 남쪽 바다에 떠 있는 소록도에 가본 느낌을 읊고 있습니다. 천형을 받은 몸이 집단으로 사는 곳에서 본 감회입니다. 공원처럼 꾸며 놓았지만 그곳의 실상을 엿보니 처절하기 끝이 없었음을 느낀 자비심입니다. 환자에게는 아무 죄가 없었는데 세상 밖, 한적한 섬에 갇히어 자유를 잃은 몸이 왜 되었을까. 더욱이나 단종대斷種臺에서 인간의 권리조차 박탈당하는 곳을 보면서 얼마나 상심했을까. 정이 많은 시인은 환자들의 절망감을 함께 느끼며 이 시조를 읊었을 것입니다. 한하운 시인의 시비詩碑를 읽어 보며 시인은 또다시 가슴을 에는 아픔도 느꼈을 것입니다.

  시인은 자신이 건강하게 살고 있음을 감사하게 생각했을 것이며, 생명에 대한 애절한 사랑의 표현은 끝이 없다고 여긴 것 같습니다. 오죽했으면 한 제국이 무너졌다고 탄식을 했겠습니까. 인간으로서의 연민을 넘어선 겨레의 사랑입니다.

>시뻘건 불두덩이 수평선을 떠밀고
>부글부글 하늘로 끈 엮이어 올라간다
>잡아라 구제역이다, 살殺 처분이 정답이다
>
>한우가 아니다, 흑돼지도 아니다
>버려야 할 이 땅의 더러운 이웃이다
>깔끔히 바닥에 눕혀 보냄이 희망이다
>
>
>죽장을 꼬나들고 등을 꾹꾹 눌러 찍네
>자다가 끌려 나온 혼 빠진 그대로
>아들아, 눈 한 번 떠보렴, 누가 널 밀었느냐

핏방울 하나라도 남기지 못하도록
예례리 새벽을 깨고 트랙터 땅을 판다
몰아라, 저 구덩이 속으로! 빨갱이라 하였다.

– 예례리* –

* 예례리는 제주4·3시건의 현장, 현재 신도시 개발공사 중.

 시인은 겨레의 슬픔을 그냥 목도目睹할 수가 없었나 보다. 그의 자비심이 얼마나 쓰리고 아팠기에 비명悲鳴 같은 노래를 불렀을까. '잡아라, 구제역이다. 살처분이 정답이다' '한우가 아니다 흑돼지도 아니다'라고 부르짖는 살아 있는 양심의 소리를 지르며 애도哀悼의 심정을 현장감이 있도록 읊었음을 짐작합니다. 제주도에 가서 목숨을 잃은 동족同族의 비애를 현장감 있게 읊고 있는 사랑의 외침 소리! 우리 겨레의 동족상잔相殘을 뼈아프게 느끼고 있었습니다.

쫓기듯 살아 온 날 파도에 씻어내며
조개랑 복숭아랑 아들이랑 남덕이랑
주워 온 은박지 위에 곱게 그린 이력서

붉은 게 무등 타고 바다로 간 아이
비둘기 품에 안겨 현해탄을 건넜는데

야자수 그늘에 누운 그림 한 장 남았다

큰 황소 한 마리 문 앞에서 서성인다
가족이 떠나가던 섶섬만 바라보며
소망은 하늘에 맡기고 눈시울만 붉은 소.

- 이중섭 화가 -

 제주도에 가서 천재 화가의 애처롭던 삶이 떠오르는 마음자리를 읊었습니다.
 일제의 식민지 시절, 신산했던 겨레들의 애달픈 살림을 연상하며 자비심에 눈시울이 붉었을 것입니다. 화가는 지독한 생활고로 생계가 막막하여 일본에 있는 처가에 사랑하는 가족을 보낼 수밖에 없었다. 가족이 떠난 후 홀로 남은 화가가 얼마나 속울음을 울었을 것인가를 느끼며 시인은 추모사追慕辭를 썼을 것입니다. 겨레의 아픔이 절절히 사무쳐 시인은 눈물로 시조를 읊었을 것입니다.
 시인의 시조는 해맑은 햇빛 같은 사랑으로 시조를 읊었을 것 같은 생각이 듭니다.

6. 사랑과 그리움의 승화昇華

그대 향해 웃자란 마음, 지그시 눌러 밟으면
윤칠월 열이렛날 달빛만 부서진다
창 열고 앉아서 천리 서서 보면 구만리

기둥에 잡아채면 시오리쯤 갈꺼나
되짚어 오는 별빛 달도 숨을 죽이고
안으로 금가는 소리 청자인 양 맑아라.

- 윤달 -

신애리란 성과 이름을 풀어보면 매울 신辛, 사랑 애愛, 마을 리里,라는 뜻이 내포되어 있습니다. 어느 날, 시인에게 누가 이름을 지어 주셨느냐고 물었더니 "詩를 사랑하시는 부친께서 지으셨다"라는 대답이 돌아왔습니다. 뜨겁도록 맵게 사랑을 이루는 마을이란 뜻이었습니다. 이름처럼 뜨거운 사랑으로 살아오신 시인은 분명 자신의 이름값을 하고 계신 것 같습니다. 시인의 작품 「치자꽃」에서는 나오는 '열이렛날의 별빛과 달빛처럼' 여태껏 살아오면서 보름이 지나온 열이렛날 달빛의 겸손함으로 남몰래 뜨겁게 사랑하며 그리운 마음으로 살아오신 마음의 표식이 아닐까 유추類推해 봅니다. 시인은 뜨거운 사랑, 열꽃 같은 정열의 화신입니다. 자신이 사랑하는 사람에게나, 시조에 대해서나, 한 번 마음을 주면 끝까지 열과 성을 다하는 분입니다. 이 세상에 사랑의 화신化身으로 태어나서 사랑으로 살아오신 내력은 작품 속에 고스란히 나타나 있습니다. 앞으로도 여태껏 살아오신 이력으로 사시면 반드시 훌륭한 사랑의 실천이 될 것입니다.

- 되짚어 오는 별빛, 달도 숨을 죽이고
  안으로 금가는 소리, 청자인 양 맑아라. -

시인의 아름다운 사랑의 실천은 별빛과 달도 숨죽이는 어려움이 안으로 금이 가듯 어려웠을 것입니다. 그러나 숨어 있던 공적은 길이 빛날 것입니다.

진주시조시인협회에서 개최한 〈진주시조교실〉에서 시조 공부를 시작하더니 제일 먼저 '시조월드'사에서 추천 완료의 성과를 이루어내셨고 초등학교에서 자기 반 학생들에게 열심히 시조를 가르쳐 학급문고의 시조집을 수시로 발간하셨습니다. 전근을 한 학교마다, 담임을 맡은 교실마다, 시조를 가르쳐 시조집을 열네 권이나 발간하셨고 그 많은 학생 시조 시인들은 백일장을 여는 곳마다 상을 받게 되어 지도교사 상을 수없이 받아내는 성과도 이루었습니다. 하도 많이 받아 그 숫자는 전부 헤아릴 수가 없고 시인은 명실공히 차세대를 위한 시조의 전도사傳道師가 되셨습니다. 그것은 명실공히 이름의 내력이라고 생각되기도 합니다. 중앙신문 학생시조백일장에서 〈전국 학생 시조 지도교사 상〉을 선두로 하여 〈새싹 시조 문학상〉, 〈한국시조문학관 전국 학생백일장 시조 지도교사 상〉 등 전국 방방곡곡의 백일장에 제자들을 인솔하여 이룬 성과는 전국 학생백일장 행사 중에 1위를 자랑하는 지도교사가 되신 것은 우리의 자랑이며 기쁨입니다. 시인의 숨겨져 있던 공적功績을 찬양하면서 수고해주신 공덕功德에 존경의 뜻을 표합니다. 시인의 반생은 사랑의 실천實踐이었습니다.

앞으로는 더욱 맑고 향기로운 사랑의 눈길로 승화昇華된 시작詩作을 하시면 온누리를 밝히는 사랑의 등불이 되리라고 믿습니다.

— 끝 —

- **시　　　인** : 신 애 리
- **출 생 지** : 부산 (기장)
- **등　　　단** : 2006년 시조월드 (상반기호) 시조
  2007년 아세아문예 (여름호) 수필
  2015년 한국사진작가협회
- **활　　　동** : 한국시조, 경남시조, 진주시조, 어린이시조나라,
  연대, 호음문학동인,
  한국사진작가협회 산청지부 회원, 갤러리아 사진회원
  한국사진작가협회 여행분과 회원
- **수　　　상** : 시조월드 신인상(2006)
  아세아문예 신인상(2007)
  호음 문학상(2019. 11)
  제4회 새싹 시조 문학상(2020. 10. 09.)
- **저　　　서** : 『선생님과 함께 가는 시조 여행』(2007~2021) 14권 발행
  『달빛을 보내주세요』 2022년 수필집 출간
- **현　　　재** : 38년 초등 교직 활동을 접고 지리산에 귀촌함

- E-mail : shinaili@hanmail.net

신애리 詩와 사진

이 뜨거움 어쩌랴

인 쇄 : 2023년 6월 20일
발 행 : 2023년 6월 23일

지은이 : 신애리
펴낸곳 : 도서출판 혜민기획
인쇄·디자인 : 대명피엔피컴
주 소 : 서울시 중구 수표로 65, 1004호(강남빌딩)
전 화 : 02-722-0586 FAX : 02-722-4143

ⓒ신애리
ISBN 979-11-88972-77-7

정가 13,000원

저자와 출판사의 서면에 의한 허락없이 내용의 일부를 무단으로 인용하거나 발췌하는 것을 금합니다.
잘못된 책은 바꿔드립니다.